LA PHILOSOPHIE DE L'AMOUR

LA PHILOSOPHIE DE L'AMOUR

Dr. François Adja Assemien

Copyright © 2023 by Dr. François Adja Assemien.

All rights reserved. No part of this book may be reproduced in any form or by any electronic or mechanical means, including information storage and retrieval systems, without permission in writing from the author and publisher, except by reviewers, who may quote brief passages in a review.

ISBN: 978-1-961096-29-5 (Paperback Edition)
ISBN: 978-1-961096-30-1 (Hardcover Edition)
ISBN: 978-1-961096-28-8 (E-book Edition)

Book Ordering Information

The Regency Publishers, US
521 5th Ave 17th floor NY, NY10175
Phone Number: (315)537-3088 ext 1007
Email: info@theregencypublishers.com
www.theregencypublishers.com

Printed in the United States of America

Sommaire

Introduction ix
Première partie : La Nature De L'amour xi

   1. L'amour Comme Valeur Religieuse Et Morale 1
   2. L'amour Comme Valeur Morale 7
   3. L'amour Comme Valeur Métaphysique 10
   4. L'amour comme Valeur Sociétale Et Cosmique 13
   5. L'amour Comme Valeur Politique 16

Deuxième partie : L'amour Et Les Valeurs 19

   1. L'amour et l'intérêt 21
   2. L'amour Et La Puissance 24
   3. L'amour Et La Paix 27
   4. L'amour et la prospérité 31
   5. L'amour Et Le Bonheur 34

Conclusion 39
Amnexes 43

   1. La Voie De L'amour 47
   2. Le Chemin De L'amour 50
   3. Le trésor caché 53

4. Sutras De L'amour Divin 55
5. Je T'ai Appelé 58

Résumé Du Livre 61
Biographie De L'auteur 63

Du Même Auteur

Les Rebelles africains, roman, Edilivre, 2016
La Conscience africaine, essai, Edilivre, 2016
Introduction à la philocure, essai, Edilivre, 2026
Les Règles d'or du bonheur, du succès, de la santé et du salut personnels, Edilivre, 2016
L'Afrique interdite, roman, Edilivre, 2016
Le Monde ne vaut rien, essai, Edilivre, 2016
La Côte d'Ivoire a mal, essai, Edilivre, 2018
Président Donald Trump et les Africains, essai, Edilivre, 2020
L'Art de vivre en Amérique, guide, Edilivre, 2019
Education morale et spirituelle, manuel, Edilivre, 2016
Thomas Sankara comme Thomas More et Socrate, essai, Ouagadougou, 2020
Ahikaba, roman, Mary Bro Foundation Publishing, London, 2018
La Côte d'Ivoire et ses étrangers, essai, Black Stars, 2002
Le Guide africain de philosophie, de sciences humaines et d'humanisme, 1985
La Pensée politique pour sauver la Côte d'Ivoire, essai, Afro-Star, 2003
Code électoral, roman, Black stars, 1995
Portrait du bon et du mauvais électeur, du bon et du mauvais candidat, essai, Black Stars, 2000
Les Onze maux de la Côte d'Ivoire, essai, Afro-Star, 2005
Aboubou musique, essai, Abidjan, 2020

Let's save humanity and life, essay, Global Summit House, 2021
The Current slavery in Africa, essay, Global Summit House, 2020
Corona virus, essay, Global Summit House, 2020
The Power of American women, essay, GoldTouch Press, 2021
La Philosophie de l'esprit africain, essai, L'Harmattan, 2021
America is Paradise. Essay, Author's note 360, 2021
Philosophy about life, essay, Global Summit House, 2021
La Puissance des femmes américaines, essai, GoldTouch Press, 2021

Introduction

La Philosophie de l'amour se veut une discipline académique qui définit le concept d'amour. Elle répond globalement à quatre questions fondamentales que voici: qu'est-ce que l'amour? Pourquoi aimer? Comment aimer? Qui et quoi aimer? En effet, l'amour est un phénomène de grande curiosité pour les hommes. Sa nature, ses fonctions, ses origines, ses expressions posent problème. L'amour est entouré de trop de mystères. Il convient de le démystifier pour tout le monde. La philosophie, quant à elle, n'est plus un mystère pour personne. C'est une matière d'enseignement dont la fonction globale est de rendre les hommes sages (ou amoureux de la sagesse). La philosophie associe la connaissance à la vertu morale. Cela la distingue de la science exacte. Mais elle est à l'origine de la science. Dans l'antiquité grecque, et chez Aristote, la philosophie était la possession de la totalité du savoir dans la mesure du possible. Elle englobait toute la connaissance: chimie, physique, biologie, logique, mathématique, morale, théologie, astrologie, astronomie, psychologie, sociologie, histoire, anthropologie, linguistique, droit, économie. Son étymologie dit qu'elle est l'amour ou le désir de la sagesse (la perfection intellectuelle et morale).

La philosophie demeure donc inséparable de la science. Ces deux disciplines se prêtent un mutuel appui. Elles coexistent dialectiquement. Elles sont consubstantielles, corollaires, corrélatives. Leurs dénominateurs communs sont la curiosité et la rigueur intellectuelles, c'est-à-dire l'amour ou la recherche de la vérité. Science d'où philosophie, philosophie d'où science. La science est, dans son principe, désintéressée. Elle vise uniquement la vérité. Elle est objective, positive. Quant à la philosophie, elle veut transformer, améliorer, assagir l'homme. Elle veut rendre l'homme vertueux. Elle est moralisatrice. Elle est ambiguë. Elle a deux buts: la vérité et la vertu. René Descartes (**Discours de la méthode**), Nietzsche (**Ainsi parlait Zarathoustra**) et Platon (**La République**) illustrent très bien cela dans leurs ouvrages. Ainsi la philosophie étudie le phénomène d'amour. C'est sa matière (Ampédocle). L'amour occupe une place de choix dans la vie des humains. C'est le fondement de leur bonheur et de leur salut. L'amour est un besoin fondamental, vital (Freud). Il est à la base de tout: plaisir, souffrance, joie, gaieté, paix, guerre, violence, bien, mal, liberté, servitude, aliénation…L'amour détermine, explique tous les problèmes et toutes les situations humains. Il explique et définit l'homme, la société, la famille, la nature, l'univers, la vie, les rapports entre les hommes, les peuples, les animaux, les végétaux. Ainsi l'amour représente la clé du monde et de la vie dans l'univers. Il n'est donc point négligeable. Il doit constituer l'objet essentiel de toute notre attention parce qu'il est la matrice du monde. Ampédocle a dit cette vérité plusieurs siècles avant la naissance de Jésus Christ.

Au commencement est l'amour. Et l'amour est notre soutien principal. Tout se fait au nom de l'amour. Tout existe par l'amour. Il ne saurait y avoir de monde, de vie, de famille, de société, de nature, d'univers sans l'amour. Il ne saurait y avoir de mariage, d'homme, de femme, d'enfant sans l'amour. L'amour est la fondation de notre immeuble existentiel. Il est le tissu de la vie. Tout nous vient de l'amour et tout repart à l'amour. Nous venons de l'amour et nous demeurons dans l'amour. L'amour est omniprésent et omnipotent. Il est éternel.

Cela démontre assez l'importance ou l'intérêt de l'amour et nous amène à l'étudier à fond. Ainsi dans la première partie de ce travail, nous chercherons à connaître la nature de l'amour. Puis dans la seconde partie, nous en chercherons les valeurs ou les fonctions.

Première Partie

La Nature De L'amour

1

L'amour Comme Valeur Religieuse Et Morale

Les théologiens ou religieux disent que Dieu est amour. Ils définissent ainsi Dieu. Ils ont établi une relation d'identification entre Dieu et l'amour. Le mot Dieu vient du mot latin dies qui signifie le jour, la lumière, la clarté. Par extension, cela signifie l'intelligence, l'esprit, la Raison, la conscience, la sagesse, la connaissance. Les antonymes de dies (le jour) qui a donné Dieu en français sont l'ignorance, l'obscurité, l'obscurantisme, le ténèbre. La sagesse, c'est la possession de la perfection intellectuelle et morale, la possession de la vérité et de la vertu absolues. L'être sage est **parfait**. Il est saint, divin, vertueux et vérace. Il n'ignore rien et ne peut faire aucun mal. C'est, par exemple, le yogi. Le terme yogi (sanscrit) signifie celui qui est uni à Dieu, c'est-à-dire celui qui incarne la pureté et la perfection absolues. Le yoga c'est l'union, l'identification à Dieu. C'est la sagesse. Cela consiste dans l'ascétisme, le mysticisme, la connaissance rationnelle, scientifique, métaphysique, théologique. Cela consiste dans le renoncement à la vie mondaine, vulgaire, socio-matérielle et corporelle au profit de l'élévation spirituelle. C'est la vie de Socrate, de Pythagore de Samos, des sadhus et de Jésus. Les sages ou religieux authentiques apprennent à mourir. Ils travaillent pour libérer leur esprit de sa prison corporelle et de toute pesanteur psychologique, sociologique, biologique, naturelle. Ils tuent leurs sens. Ils pratiquent la catharsis (Aristote), font leur révolution personnelle au sens bouddhique.

L'amour divin est le détachement, la transcendance spirituelle. Ainsi le christianisme dit: «Tu aimeras ton prochain comme toi-même» (commandement divin). Ton prochain, c'est toi. C'est ton frère, ta sœur en Christ, en Dieu. Le bouddhisme et l'hindouisme disent: «Tu ne tueras point aucun être sensible». Car tous les êtres sont une seule et même entité formant le grand Tout cosmique. Ils sont tous inextricablement unis et interdépendants. Chacun donne sens et vie à l'autre. Le yogi ignore, méprise, transcende les dualités de ce monde. Le sadhu se détache de tout (renoncement). C'est un saint, un anachorète, un ermite. L'amour s'exprime ici par la compassion, l'empathie, la charité, l'altruisme, le non-égoïsme, le don de soi, l'abnégation, la fusion dans autrui, dans le grand Tout cosmique (l'Un primordial), la bodhéité ou l'état de bouddha, le sanyasa, l'ahimsa (non-violence, paix absolue), le moksha (libération définitive du cycle des reincarnations (samsara). Le bouddhiste et l'hindouiste sont convaincus que toute action engendre une réaction. C'est la loi de cause à effet. Cela s'appelle en sanscrit le **karma**. Ce karma nous apprend que personne ne peut échapper aux conséquences de ses actes. Ainsi si tu fais du bien aux autres, tu améliores ton sort et ta condition. Tu te purifies, tu sors du monde du mal, des péchés (samsara en sanscrit) et tu reçois des bénédictions, tu sauves ta vie et ton avenir (moksha). Les chrétiens diront que tu rentres au Paradis. Tu quittes l'Enfer ou la souffrance qu'est ton existence présente sur terre. Vivre ici-bas, c'est souffrir. C'est payer pour les péchés que l'on a commis dans ses vies antérieures (samsara). Une fois que l'on a effacé tous ses péchés antérieurs par des actions vertueuses, positives, on rentre au Paradis (moksha) et l'on ne revient plus sur la terre, dans le monde. On vit éternellement chez les dieux, dans le bonheur, la paix. Tel est l'intérêt pour chaque religieux de faire uniquement le bien et jamais le mal. Notre existence présente sur la terre est une punition divine qui a pour but de nous améliorer, de nous transformer en saints, en sages, en dieux ou en des gens qui méritent d'aller vivre parmi les dieux, au Paradis (moksha). Nous sommes donc en examen. Il nous faut réussir cet examen moral. Cela nous permettra de ne plus renaître après notre mort. Nous devons tout faire pour être admis dans le royaume divin.

La place de l'amour dans le Bouddhisme

Le Bouddhisme est une religion qui cherche la libération de l'âme de chaque personne grâce à son éveil l'empêchant ainsi de vivre et revivre dans La souffrance. L'initiation au Bouddhisme implique la connaissance du principe du karma et de la renaissance. Le karma étant une relation de cause à effet, effectuer de bonnes actions dans la vie permet d'échapper au mauvais karma. Mais une action ne peut être bonne que si elle est guidée par la compassion. De ce fait, la première forme d'amour dans le Bouddhisme est la compassion. Elle consiste à éviter de faire souffrir autrui. Elle pourrait même chercher à le guérir du mal.

L'amour à travers la bienveillance

La deuxième forme d'amour est la bienveillance. La bienveillance vise à procurer du bonheur à autrui. Ces deux formes d'amour sont résumées et expliquées par cette citation de Bouddha: «Que tous les êtres soient heureux! Qu'ils soient en joie et en sûreté! Toute chose qui est vivante, faible ou forte, longue, grande ou moyenne, courte ou petite, visible ou invisible, proche ou lointaine, née ou à naître, que tous ces êtres soient heureux! Que nul ne déçoive un autre ni ne méprise aucun être si peu que ce soit, que nul, par colère ou par haine, ne souhaite de mal à un autre. Ainsi qu'une mère au péril de sa vie surveille et protège son unique enfant, ainsi avec un esprit sans limites doit-on chérir toute chose vivante, aimer le monde en son entier, au-dessus, au-dessous et tout autour, sans limitation, avec une bonté bienveillante infinie. Etant débout ou marchant, assis ou couché, tant que l'on est éveillé, on doit cultiver cette pensée. Ceci est appelé la suprême manière de vivre».

Quatre principes bouddhistes pour vivre un amour véritable

Amour

L'amour, dans son premier aspect, représente l'intention et la capacité d'offrir la joie et le bonheur à l'autre. Dans le Bouddhisme, on enseigne qu'un tel amour ne peut exister sans le désir de comprendre l'autre à travers ses besoins, ses désirs, ses souffrances et ses aspirations. Parfois, on est tellement centré sur nos propres besoins et nos aspirations que l'autre existe uniquement en fonction de répondre à ceux-ci. Le véritable amour n'est pas de chercher le bonheur à travers l'autre, ce qui est davantage considéré comme de l'attachement. L'amour, dont il est question ici, permet de prendre conscience de toute l'humanité de l'autre à travers ses forces, ses joies comme ses peines et ses doutes. On permet à l'autre d'être authentique tout en conservant une affection véritable pour la personne dans sa totalité.

Compassion

La compassion est l'intention et l'action de soulager la souffrance et d'alléger les peines d'autrui. L'amour nous permet de comprendre l'autre et de générer une affection profonde sans jugement. La compassion est l'énergie qui nous pousse à agir au service de l'autre. Elle permet de se décentrer de soi et d'agir conformément à l'amour comme une mère pour son enfant. Le Dalaï Lama affirme: «Quand nous ressentons de la compassion envers les autres, cet état ne soulage pas uniquement les autres de leurs souffrances. La compassion développe un sentiment profond de bonheur et de paix intérieure. La compassion nous permet de ne plus prendre les choses personnellement mais de considérer le point de vue de l'autre pour comprendre ses souffrances. Même si nous ne pouvons pas comprendre toutes les motivations de l'autre, la compassion nous invite à rester sensible aux souffrances des autres et à tenter de soulager ces souffrances de toutes les manières possibles.

Vous faites l'expérience de cet état lorsque vous aidez spontanément une personne en lui ouvrant la porte, lui offrant un sourire ou lui rendant un service. Dès que vous portez un geste de compassion, la joie naît à l'intérieur de vous-même. Cet état de légèreté nous rappelle que ce ne sont pas les gestes égocentriques qui sont la source de notre bonheur mais nos états intérieurs tels l'amour, la gratitude et la compassion.

Joie

La joie est un sentiment de contentement et de rejouissance. C'est une célébration du bonheur des autres mais aussi du nôtre. La question à se poser au préalable est : comment pouvons-nous ressentir de la joie pour une autre personne lorsque nous ne nous sentons pas la joie pour nous mêmes? L'un des avantages d'être dans une relation est de partager les réussites, les succès et les joies. Quand j'apprends à me rejouir pour le bonheur des autres, la joie est toujours possible. Je développe une gratitude qui permet aussi d'attirer le positif dans ma vie en tournant mon esprit vers ce qui est beau et bon dans le monde. L'amour permet donc de partager mes sources de joie et de profiter de celles des autres. L'envie et la jalousie sont les premiers obstacles à la joie. Il est donc nécessaire de développer de la gratitude pour notre propre existence pour ensuite se réjouir du bonheur des autres. Cessons d'attendre pour être heureux et tournons notre regard vers tout ce qui est positif dans notre vie pour le célébrer et le partager avec ceux que nous aimons.

Lâcher prise ou équanimité

L'équanimité nous amène naturellement à un état de lâche prise et de grande liberté intérieure. Cet état peut être également décrit comme «non-attachement» et la «non-discrimination». Concrètement, cela veut dire ne pas toujours chercher à posséder, à gagner, à avoir raison. L'équanimité nous permet de maintenir l'amour malgré nos désaccords avec les autres. Cet acte facilite la paix dans les relations et nous apprend à cesser de «calculer» en amour. Il ne peut y avoir d'amour véritable que lorsqu'il y a acceptation, accueil et liberté!

Ces quatre éléments sont essentiels pour développer l'amour pur, et ce, dans toutes nos relations humaines. C'est une invitation à vivre l'amour au sens large! Puissent la compassion, la joie et la liberté être au centre de notre vie et de tous nos rapports humains. C'est grâce à l'amour véritable que nous retrouverons notre dignité d'êtres aimés et pourrons traverser les épreuves de la vie sans jamais nous sentir seuls. Au niveau global, il est temps de créer un monde de solidarité et d'entraide pour le bien de tous les êtres vivants!

2

L'amour Comme Valeur Morale

L'amour est la valeur principale de la morale ascétique. En effet, la morale se définit comme la science du bien et du mal. La morale conseille à l'homme de faire le bien et d'éviter le mal. Le bien implique la bonté et la beauté. Celui qui fait du bien aux autres est dit bon, généreux, gentil, humain, aimant, vertueux. C'est un agent moral accompli. Il est habité par l'amour du prochain. Ainsi l'amour est l'objet principal ou la préoccupation majeure des moralistes. Les moralistes et les moralisateurs conseillent aux hommes et aux différents peuples de la terre de s'aimer entre eux et d'éviter la haine, la méchanceté. Ils leur montrent l'intérêt, les avantages, les bienfaits de l'amour.

Sans l'amour, il n'y a pas de paix, de sécurité, d'harmonie, de bonheur. Lorsque l'amour fait défaut, c'est un malheur. Si la haine prend la place de l'amour, on assiste à la violence, à la barbarie, à la guerre, au mal. L'homme devient alors un loup, un grand danger pour l'homme. C'est alors le triomphe du vice. Ainsi l'amour apparaît la matrice de la vie morale, le générateur des vertus salvatrices. L'amour est un sentiment d'union, de rapprochement, d'attachement (attirance). Il se manifeste par des gestes positifs et moraux. Ses expressions ou ses marques sensibles sont l'affection, la douceur, la bonté, la générosité, la gentillesse, la sympathie, le secourisme, la compassion, l'empathie...L'affection consiste à s'attacher à autrui à travers des gestes de douceur, de tendresse, de gentillesse, de sympathie. L'être affectueux est bon, humain, sensible aux peines et aux souffrances des autres. Il est compatissant, solidaire, sociable, amical. Il s'abstient de tout mal, de toute nuisance à l'égard de son prochain. Il est charitable, généreux. Il aime donner et faire plaisir aux autres. Il n'est pas égoïste. Il est désintéressé. Il cherche le bien et le bonheur des autres.

La bonté comme acte d'amour se traduit par des gestes généreux, de douceur, de tendresse. Celui qui est bon ne fait aucun mal à personne, à aucun être vivant. Il est pur, saint. Les saints et les sages ascétiques sont bons. Les sadhus et les gurus yogis sont bons. Les renonçants qui pratiquent le don de soi ou l'abnégation sont bons. Tous ceux là ne peuvent tuer ou détruire aucun être sensible (homme, animal, plante...). Ils ne peuvent nuire à personne. Ils pratiquent la compassion et l'empathie envers les autres êtres. Ils sont prêts à secourir ceux qui sont en danger. Ils vivent pour guider, éclairer, aider et sauver les autres (Socrate, Jésus, Gandhi, Thomas More). Ils se sacrifient et sacrifient leurs intérêts personnels au profit des autres. L'amour est aussi une passion. C'est une passion que l'on éprouve pour quelqu'un. L'amoureux passionné est un fou. Il est capable de tout. Il est capable de pire comme de mieux envers l'objet de sa passion. La passion amoureuse est le degré suprême de l'amour. Elle pousse l'individu à tout faire. Elle le met hors de lui-même. Elle le possède totalement. Elle l'aliène. Elle dispose de sa vie. Il y a des actes d'amour héroïques et très glorieux comme il y a des crimes passionnés. C'est précisément dans ce sens d'amour qui rend fou, bête et aveugle. Ce type d'amour pousse l'homme à des actions très salvatrices ou très nuisibles. La passion de faire le bien est très noble, très glorieuse et très salutaire. C'est elle qui anime les saints et les sages ou les héros ascétiques.

L'amour passionné est un sentiment excessif pour une cause, une chose, une personne, un peuple, une nation ou le genre humain. C'est un facteur de progrès, de développement historique. Cela pousse à la lutte de libération, d'indépendance, de souveraineté (l'amour pour la justice, la liberté, la paix, le bonheur). Cela est à l'origine des guerres et des grands sacrifices. C'est le cas des humanistes, des intellectuels et des hommes politiques qui deviennent des martyrs et des héros. Ainsi Thomas Sankara, Sekou Touré, Kwame Nkrumah, Mouamar Kadhafi, Mahatma Gandhi, Haïlé Sélassié, Patrice Lumumba, Amilcar Cabral, Sylvanus Olympio, Fidel Casro, Tche Guevara, Martin Luther King Junior, Jean jaurès, Jean-Paul Sartre, Malcolm X, Nelson Mandela, Kemi Seba, Mwa Zulu Diya Banza, Egountchi Behanzin, Mouamed Konare Siata, Cheickh Anta Diop, Joseh Ki-Zerbo, Karl Marx, Lénine, Mao Tse Toung, Modibo Keita...

3

L'amour Comme Valeur Métaphysique

L'amour de soi-même, l'amour des autres et l'amour de toutes choses s'imposent à nous partout. L'amour règne sur toutes les relations entre les êtres. Il est dans tout et s'étend à tous les domaines et à l'infini. La vie est expression d'amour. L'amour est la loi suprême. Quiconque viole cette loi est puni et se détruit inexorablement. Tout le monde vit de cette loi, par cette loi et pour cette loi. Chacun de nous ressent son pouvoir, son autorité, sa nécessité, ses bienfaits et la sollicite à tout instant pour pouvoir être heureux ou sauvé. Sans son secours, l'existence du monde est impossible.

L'amour exige que nous manifestions tous les meilleurs sentiments à l'égard de notre prochain et de toutes choses, que nous donnions notre affection et notre tendresse aux autres (bonté, générosité, gentillesse, indulgence, compassion, tolérance, altruisme, don de soi, abnégation, pardon, charité). Les autres sont constitués par les humains, les animaux, les plantes, les minéraux, les gaz, les eaux, la terre, l'air, le feu, l'énergie etc. L'amour exige que nous acceptions volontiers de sacrifier nos intérêts personnels, nos biens, nos droits et notre vie aux autres. Ce geste est très bénéfique à son auteur. L'amour s'oppose à la violence, au conflit, à l'agressivité, à la haine, à la colère, à la jalousie, à la méchanceté, à l'égoïsme, à l'individualisme, à la division, au mal, à l'injustice, à toute attitude (pensée, acte, sentiment) qui met les autres en danger, en souffrance, en difficulté, en insécurité.

L'amour rapproche les êtres, les rassemble en communauté fraternelle, harmonise leurs rapports, impose la coopération multilatérale et l'interdépendance. Il affirme l'égalité morale et spirituelle de tous les êtres, l'unité fondamentale de ces derniers, l'unicité du monde et la solidarité universelle agissante. L'amour veut que l'on soit affable, sympathique, sociable, convivial, plus soucieux des autres que de soi-même (altruisme, compassion, empathie). Il condamne le mépris, l'indifférence, l'arrogance, l'orgueil, la vanité vis-à-vis d'autrui. Il nous grandit, nous éclaire et nous divinise. Il nous procure la joie, le plaisir, le bien-être, la paix, la sécurité, la liberté et la dignité. Il est la source principale de la sagesse salvatrice. Son commandement suprême aux humains dit: « **Aime équitablement tous les êtres et oublie toi-même. Cherche uniquement (ou en premier lieu) le bien et le bonheur des autres. Le tien en dépend totalement et absolument. Sache que les autres ne sont pas autres ni différents de toi. Les autres sont toi et tu es eux. Vous êtes UN, unis, identiques. Vous êtes un seul et même être, le grand Tout, dont toutes les parties doivent se reconnaître comme telles et être solidaires ou se compléter dans l'existence globale et unique qui est pour elles toutes**».

Il n'y a pas de «je», «tu», «il» etc. comme personnes ou entités isolées, individuelles. Il y a seulement le grand Tout. Ta nature est identique à la nature des autres. Tu es comme un grain de sable qui s'intègre harmonieusement aux autres grains de sable formant ensemble la terre. Un grain de sable est toute la terre. Ta nature est semblable à une goutte d'eau d'un océan qui est tout l'océan même. Seules l'ignorance et l'illusion amènent les humains à mettre des différences de nature ou distingo entre les choses et les êtres de ce monde qui est un tout cohérent, solidaire, homogène et indivisible. Tu es tous les autres êtres et tous les autres êtres sont toi. Donc aimer tous les autres êtres, c'est t'aimer toi-même. Vouloir leur bonheur, c'est du même coup, vouloir ton propre bonheur.

Empoisonner les autres, c'est t'empoisonner toi-même. Ainsi la jalousie, la méchanceté, l'animosité, l'égoïsme et la haine sont très nuisibles pour leurs auteurs. Cela est facile à comprendre. Il faut savoir que tu appartiens entièrement à l'univers entier, au grand Tout, et qu'à ce titre, tu dois agir au maintien de l'équilibre, de l'harmonie, à la bonne santé, au bonheur et au salut de tout le monde et du grand Tout. Tu fais cela ou tu disparais. Il n'y a point d'autres possibilités ou options. Rends tout le monde heureux et, en retour, tu seras heureux. N'est-ce pas déjà ce que fait un père de famille intelligent envers sa femme et ses enfants pour pouvoir être heureux? Un père de famille qui néglige, maltraite, rend sa femme et ses enfants malheureux peut-il être heureux? **Non. Nous sommes obligés d'aimer ou de disparaître.** Telle est la très sacrée loi de ce monde.

4

L'amour Comme Valeur Sociétale Et Cosmique

L'amour est un sentiment positif qui relie les individus formant ensemble un groupe ou une société (famille, village, quartier, ville, pays). C'est un rapport affectif entre les gens. Par conséquent, l'amour est un phénomène psycho-sociétal. Il est collectif et psychique. Aimer son prochain, autrui, est un devoir social. C'est une obligation morale, civique, dans toutes les sociétés. L'amour est un comportement mutuel entre les hommes. Il s'exprime par la solidarité, la compassion, l'empathie et l'entraide fraternelle entre les membres d'un groupement humain (famille, profession, religion, équipe, nation, patrie). L'amour est une qualité ou une propriété morale du groupe. En effet, l'homme est, selon Aristote, un animal politique. Cela veut dire qu'il est un être fondamentalement social ou collectif. Il ne peut exister qu'en groupe. Il ne peut vivre sans être parmi ses semblables, c'est-à-dire sans les autres. Il a absolument besoin d'autrui pour être homme. Il n'est rien et n'a rien sans autrui, c'est-à-dire sans le groupe. Il est totalement dépendant de ses prochains. Il leur doit tout ce qu'il est et tout ce qu'il possède. Il subit inexorablement la loi de l'interdépendance mutuelle.

Ainsi le devoir de tout homme est d'être sociable, solidaire, ouvert aux autres, de communier avec eux, de rester dans la communauté humaine (**Les Enfants sauvages** de Lucien Malson). Son devoir est d'avoir le même esprit, la même mentalité, la même morale, la même vision du monde, la même coutume, c'est-à-dire les habitudes de son groupe, le même paradigme que ses congénères. Ainsi l'homme partage les mêmes croyances, les mêmes idéaux, les mêmes valeurs avec ses semblables. Il forme un tout cohérent et homogène avec les autres éléments de l'univers, du grand Tout. Il est dans l'UN Primordial (hindouisme). Sa nature est à la fois culturelle et cosmique. Il est façonné et moulé par les valeurs et les modèles de sa civilisation, de la nature, du cosmos, de son ethnie, de sa société (religion, classe sociale, morale, droit, art, philosophie, idéologie, système politique). Ainsi l'individu incarne la collectivité, la communauté. Par conséquent, il est condamné à aimer autrui qui n'est que lui-même. Il ne peut se séparer de son prochain. Celui-ci est l' autre de lui-même ou son alter ego. L'amour est la loi cosmique **suprême.** C'est la loi universelle qui unit tous les êtres en les rendant interdépendants, solidaires, identiques. L'amour est un besoin général, un bien commun, une nécessité naturelle et universelle. Au commencement était l'amour comme unité, harmonie. Toute existence est un rapport aux autres. Ce rapport est amour comme cohésion, force agissante, puissance unificatrice irrésistible. Ainsi l'amour est la définition univoque de l'homme et de tout être naturel et universel. **C'est la valeur suprême ou la valeur des valeurs.** C'est l'amour qui gouverne l'humanité, l'animalité, la flore et les autres choses. L'amour est rassembleur, fortificateur, pacificateur, sécurisateur. Il est générateur, fécondateur, constructeur et fertilisateur. Il est dans tout ce qui est vrai, juste, droit, utile, intéressant, légitime, bon. Il exclut le mal, la souffrance, l'injustice, la violence, l'arbitraire, la nuisance, la malveillance, la malfaisance, le conflit, la guerre, la tension, la destruction, la tuerie.

Tout chez l'homme est communautaire ou collectif: langue, coutume, culture, civilisation (normes, paradigmes, dogmes, mythes, religions, morales, droit positif, politique). L'amour comme facteur d'attachement, de communion, représente le socle de la vie humaine comme acte communautaire. C'est aussi le ressort, le moteur de l'existence collective. C'est la pièce maîtresse, le pilier central, le pivot de la société. Sans l'amour, il n'y a pas de société ni d'association. Le mariage entre l'homme et la femme n'est-il pas un acte d'amour, un témoignage que l'union est amour, société et harmonie ? L'homme est un aimant qui attire l'homme. Tous les hommes s'attirent mutuellement (solidarité agissante). Telle est la loi d'amour qui fonde la société ou la communauté (famille, ethnie, race, village, ville, pays, nation). Les humains sont condamnés à s'aimer jusqu'à leur mort physique et au-delà. Car le souvenir des morts demeure indélébile dans la mémoire collective des vivants. Ainsi la vie et l'amour sont un couple éternel. La vie et l'amour sont à la fois physiques et métaphysiques. Les morts sont toujours vivants en esprit. Les hommes sont éternels, atemporels. Telle est la tâche de l'histoire. Les grands hommes, ceux qui marquent ou font l'histoire, ne meurent jamais. Ils vivent éternellement dans leur communauté, parmi leurs compatriotes, dans les livres, les mémoires, les esprits. Adolf Hitler, le Général De Gaulle, Thomas Sankara, Kwame Nkrumah, Patrice Lumumba, Karl Marx, Lénine, Mao Tse Toung, Martin Luther King Junior, Mahatma Gandhi, Nelson Mandela, Jimi Hendrix, Socrate, Jésus, Mahomet, Bouddha, Confucius, Lao-Tseu, Victor Hugo, René Descartes, Jean-Paul Sartre, Mouamar Kadhafi, Haïlé Sélassié et Fidel Castro sont toujours vivants. George Washington, John Kenedy, Abraham Linkeln, Louis Pasteur, Copernic... sont toujours d'actualité. Ils sont toujours célébrés, magnifiés et glorifiés. Le monde leur est toujours reconnaissant et redevable. Ils continuent de gouverner intellectuellement, spirituellement, idéologiquement l'humanité. Ils demeurent des repères, des boussoles, des modèles pour l'humanité.

5

L'amour Comme Valeur Politique

« Les hommes ont fait des rois pour les hommes et non pas pour les rois; ils ont mis des chefs à leur tête pour vivre commodément à l'abri de la violence et de l'insulte; le devoir le plus sacré du prince est de songer au bonheur du peuple avant de songer au sien; comme un berger fidèle, il doit se dévouer pour son troupeau et le mener dans les plus gras pâturages». Thomas More, in **L'Utopie.**

La politique est l'art d'organiser, de réguler, d'administrer, de gérer la vie d'un peuple, c'est-à-dire de gouverner la société civile. Son but global est de faire le bonheur des hommes. La politique consiste donc à diriger les hommes vers le bien, la vertu et le salut. Elle consiste à créer les conditions et les moyens d'une vie communautaire heureuse, agréable. A cette fin, la politique se sert de la morale, du droit positif, de la religion. Elle définit et défend les droits de l'homme. Elle lutte contre les forces nuisibles, destructrices provenant de la nature, de l'univers ou de l'homme. La politique construit la vie collective idéale, la société civile idéale ou un cadre d'existence idoine. Ce travail repose sur l'**amour.** En effet, les hommes, les peuples désirent le bien et le bonheur. Ils détestent et combattent le mal et le malheur. Ils mettent leur dévolu sur ce qui peut les rendre heureux. Ils protègent, sécurisent, embellissent leur vie collective. Ils sont alors obligés de s'unir, de s'entendre, de se discipliner, de travailler, de s'aimer. Ils sont contraints de fraterniser, de faire la paix, de créer l'harmonie en leur sein. D'où la naissance des règles morales, religieuses, civiques et des lois étatiques qui servent de garants, de boussoles, de remparts (police, armée, tribunal, prison, gendarmerie). La société ou collectivité désire toujours le bien et le bonheur.

Le fait de vivre ensemble suppose la volonté de bien, de bonheur, de confort, de sécurité, de paix, de justice, de prospérité, de puissance et de progrès individuels et collectifs. Cela est fondé sur l'amour de soi et d'autrui, sur des sacrifices nécessaires, l'abnégation et le don de soi. Les concepts de patriotisme, de nationalisme et de civisme ont leur sens ici. Ils invitent les hommes et les peuples à s'aimer, à vivre ensemble dans la paix, la sécurité, le bonheur. Ils exigent la défense et la promotion des vertus ascétiques qui favorisent la coexistence pacifique et sécurisée comme loyauté, obéissance aux lois, solidarité, sociabilité, humanisme, honnêteté, altruisme, charité. Ils exigent l'amour du prochain, le don de soi, de son pays, de sa patrie, de sa nation. Aimer son pays, c'est du même coup, aimer ses compatriotes, ses concitoyens. C'est les considérer comme ses frères, ses amis, en tant que membres de sa famille, de sa communauté. C'est les aimer comme soi-même, c'est-à-dire vouloir partager le bien commun (intérêt général) avec eux, sans égoïsme, sans injustice.

C'est leur vouloir du bien et le bonheur. C'est reconnaître que ses compatriotes ont droit aux mêmes droits que soi, que tout le monde est dans un rapport d'égalité (de condition) devant la loi juridique, morale, religieuse. La loi juridique est l'expression de la volonté générale. Elle est donc juste, impartiale, égalitaire. Obéir à la loi que sa communauté s'est donnée est un acte d'amour majeur. C'est un acte de raison, de justice, de fraternité, de civisme et d'amour suprêmes envers soi-même, envers sa famille et son pays. Cela exclut l'égoïsme vulgaire qui entraîne l'injustice, le mal, la violence barbare. Obéir aux lois est un acte de sagesse comme égoïsme supérieur ou égoïsme altruiste. Celui qui est sagement égoïste cherche le bonheur des autres comme priorité. Car son bonheur à lui dépend du bonheur des autres. Il est donc nécessaire d'aimer autrui. L'amour des autres engendre notre bonheur. Les autres conditionnent notre bonheur personnel. Ils sont le chemin qui nous mène au Paradis. Sans leur coopération, nous ne sommes rien et nous n'avons rien. Ils sont l'Alpha et l'Oméga de notre vie et de notre bonheur. Tous les humains sont interdépendants et forment un même tout organique, cohérent. Personne ne peut vivre ni exister sans l'aide fraternelle, amicale, familiale, sans la bienveillance d'autrui. L'amour est le fondement et le garant de notre vie , de notre bien-être, de notre épanouissement, de notre bonheur et de notre salut.

La vie individuelle et collective est l'expression ou la manifestation de l'amour. Au commencement était l'amour (Ampédocle) et l'amour a engendré l'homme, la société, la nation, la patrie, toutes les valeurs, toutes les institutions, la culture et la civilisation. La politique, la religion, la morale, le droit, l'art, la science et la technique/technologie découlent de l'amour. Puis ils contribuent à sauvegarder, à renforcer, à développer l'amour. Leur but commun est le bonheur des hommes. Et ce bonheur se réalise par l'amour. Entre les gouvernants et les gouvernés, par exemple, règnent l'amour et la confiance. Les gouvernants sont choisis par amour et par confiance. Ils gouvernent au nom de l'amour et de la confiance. Dès qu'ils cessent d'aimer et d'être crédibles, ils cessent de gouverner. L'amour domine tout sur la terre. Il règne en maître absolu sur toutes les actions et toutes les entreprises de l'homme. Son domaine est illimité. Il s'étend au-delà de la vie de l'humanité. Il est tout l'univers ou l'ordre naturel et cosmique.

Deuxième Partie

L'amour Et Les Valeurs

1

L'amour Et L'intérêt

L'amour est intéressant. Il est vital pour l'homme. Le fait d'aimer les autres nous rapporte beaucoup. Cela donne tout à l'individu. Un homme n'a rien et n'est rien sans ses rapports avec les autres. L'individu n'est qu'un tissu de rapports d'interdépendance mutuelle. Il se construit dans un réseau de rapports sociaux. L'homme est une construction sociale, politique, économique, culturelle, civilisationnelle. L'amour du prochain est l'unique manière d'intégrer profondément et parfaitement la société, l'humanité et l'univers, le grand Tout. L'amour du prochain permet de se fusionner avec le grand Tout, d'être plus fortement , d'exister et d'être puissant. Le fait d'aimer autrui permet de s'enrichir, de se développer, de progresser et de s'épanouir. Les autres sont nos soutiens, nos supports, nos ressorts, nos boussoles, nos miroirs, nos juges, nos coéquipiers, nos ressorts. C'est grâce à eux que nous grandissons et réussissons. C'est aussi grâce à eux que nous vivons et existons. C'est par leur canal que nous accédons au bonheur, au plaisir, au langage, à la pensée, à la connaissance. Le moi (individu) se découvre à travers le non-moi (autrui). C'est en s'opposant au non-moi que le moi prend conscience de lui-même, qu'il se réalise et se construit.

La vie et l'existence sont des actes communautaires. L'individu dépend du groupe. Il vit et existe à travers le groupe. C'est autrui qui lui donne sens et valeur. Autrui le guide, l'oriente, l'éduque, le contrôle, le gouverne durant toute sa vie. Il vient au monde dans les mains d'autrui et repart comme mort dans les mains d'autrui. Autrui est l'Alpha et l'Oméga de l'individu. Il est le garant de sa liberté, de sa vie, de sa sécurité, de son bonheur, de son salut. L'individu est fusionné au groupe. Son identité lui est donnée par le groupe. C'est celle de son groupe (nom, langue, caractère, mentalité, esprit, sentiments, raison). Ses droits et devoirs lui sont dictés par le groupe. Les autres, c'est d'abord son père, sa mère, ses frères, ses sœurs, les autres membres de sa famille. Ceux-là, il ne peut pas ne pas les aimer. Car eux et lui sont directement et consubstantiellement liés. Ils forment un tout biologique, organique, très cohérent.

Ainsi l'individu ne peut pas ne pas aimer autrui, son prochain, le groupe auquel il appartient. Aimer autrui, c'est s'aimer soi-même. Car, en définitive, autrui c'est soi-même. Autrui n'est pas autre. Il n'y a pas d'altérité. L'autre n'existe pas. L'autre n'est qu'un mythe. C'est une illusion. Le «je» et le «nous» sont confondus. Ils sont identiques. Dès lors, s'aimer et aimer son prochain sont une seule et même action. L'amour du prochain, c'est l'amour de soi-même. En effet, le moi et le non-moi sont confondus ou identiques. C'est simplement «NOUS». C'est le pluriel comme unité et unicité ontologiques. «Nous» est la seule réalité à la fois ontologique, axiologique, psychologique, anthropologique, historique, sociologique, cosmique, éthique et morale. Dès lors, l'individualisme, l'égoïsme, l'égocentrisme, l'anthropocentrisme, la méchanceté et la haine d'autrui sont très absurdes et très nuisibles. L'amour, c'est l'amour de «nous» (pluralité, universalité et unicité ontologiques). L'amour, c'est l'amour de **tous, du grand Tout**. L'amour est un comportement général, universel, mutuel, **un devoir de tous envers tous.** Nous aimons et devons aimer autrui parce que cela est intéressant pour nous tous. L'amour est utile, agréable et nécessaire. C'est légitime, naturel, cosmique. C'est légal, social, judicieux. L'amour nous est indispensable. C'est notre raison d'être et de vivre. Pensons, par exemple, au mariage, à la famille, à la procréation, à la société. L'amour signifie cohésion, harmonie, solidarité, entraide au sein de la communauté ontologique (osmose). Cela s'exprime par la fraternité, la compassion, l'empathie, le civisme, le patriotisme, l'humanisme, le nationalisme, le fédéralisme. L'amour est un devoir général, un besoin universel. L'amour est le mot le plus sacré qui existe. C'est divin. Chez les Grecs, il est symbolisé par Aphrodite (déesse de l'amour). Chez les Romains, il est représenté par Venus (déesse de l'amour). L'amour crée, entretient et maintient la vie de l'humanité, de l'animalité, de la flore et de tous les autres ordres. Il maintient le cosmos en place. Il est à la base de l'ordre et de l'équilibre mondiaux qui sont nécessaires à la vie, au bonheur et au salut de tous et de chacun. Aimer, c'est vivre et vivre, c'est aimer. Vivre, c'est toujours vivre ensemble, c'est-à-dire avec autrui. C'est être dans Nous, être Nous (phénomène cosmique). L'amour est primordial. Sans l'amour, il n'y a pas de monde, de vie. L'amour gouverne tout.

2

L'amour Et La Puissance

L'amour est un sentiment qui se manifeste par des actions positives. La personne qui aime transforme l'objet de son amour en force, en puissance. Ainsi elle l'embellit, l'enrichit, le reconstruit physiquement ou psychologiquement. Elle le met en valeur et en lumière. Elle le cristalise (Stendhal, in **Le Rouge et le Noir**). Cela est vérifiable dans l'histoire humaine. Ainsi dans la vie des couples, l'homme transforme positivement sa conjointe et la femme transforme positivement son mari. Michelle a transformé Obama en Président des Etats-Unis d'Amérique. Winnie a lutté jusqu'à obtenir la libération de Nelson Mandela de la prison. Puis ce dernier est devenu Président de l'Afrique du Sud. Brigitte a contribué à faire de Macron le Président de la France. Aimer, c'est toujours agir, construire et transformer quelqu'un en bien. Aimer, c'est poser des actes qui favorisent le bien-être, le bonheur, le progrès, le succès, la prospérité et le salut d'autrui. En effet, l'amour est la création d'une relation intéressante aussi bien pour la personne qui aime que pour la personne qui est aimée. C'est l'osmose et la symbiose. Ainsi chaque mari fait de son épouse une reine. Il lui donne de la puissance, le pouvoir d'être mère, le pouvoir de gérer un foyer, une famille. L'amour confère alors des responsabilités et des devoirs à tous. Les parents élèvent, éduquent leurs enfants. Ils prennent soin d'eux, les entretiennent, les protègent, les sécurisent et les aident à devenir des adultes responsables.

Celui qui aime son prochain reçoit, en retour, la reconnaissance et la bénédiction. Il gagne de la puissance et devient heureux. Aimer, c'est donner. Celui qui donne, reçoit le centuple de ce qu'il a donné. C'est une loi divine, naturelle, cosmique. Celui qui reçoit doit donner. Celui qui aime doit être aimé. Et celui qui est aimé doit, à son tour, aimer celui qui l'aime. L'amour est une relation qui exclut l'égoïsme. Il exige l'altruisme, la charité, le don de soi, l'abnégation. Il consiste à créer une relation d'intérêt mutuel, une dynamique de bonheur mutuel. Ainsi le mariage, qui est un contrat d'amour, illustre parfaitement l'idée d'amour (la loi d'osmose et de symbiose). L'union de l'homme et de la femme produit des fruits profitables aux deux conjoints. En effet, la vie conjugale consiste pour l'homme et la femme à fournir des efforts, à unir leurs forces, leurs puissances, leurs biens, leurs qualités pour constituer une grande force, une grande puissance collective (la puissance familiale) permettant de vivre heureux, en sécurité, en paix et à l'abri du besoin, de la misère, de la souffrance, de l'indigence, de la précarité, de l'indignité, de l'impuissance, du déshonneur. Le mariage est une association qui lutte contre les malheurs, la faiblesse, les vices, la pauvreté et établit la dignité des deux conjoints. L'union des humains fait leur force, leur bonheur, leur donne la victoire sur l'adversité et les difficultés de la vie.

L'amour, ou l'union, amène les gens au combat contre le mal, les malheurs, les difficultés à vivre, la souffrance. L'amour est un instrument de bonheur et de salut individuels et collectifs. C'est l'arme la plus efficace pour le combat de l'existence comme acte de libération, de progrès, de bonheur et de salut. Le monde repose sur l'amour. Et l'amour est l'acte d'union, de création de la force, de la puissance, de l'équilibre et de l'harmonie universels, cosmiques. Par conséquent, l'amour est incontournable. Amour d'où union. Union d'où force-puissance. Force-puissance d'où création-transformation. Création-transformation d'où bonheur-salut. Sachons que chaque être constitue l'élément d'un ensemble, la partie d'un tout. Il est une goutte de l'océan. L'ensemble, le tout et l'océan représentent l'univers, le cosmos, le grand Tout. Dans ce grand Tout, tous les êtres sont identiques, inséparables, confondus. Une goutte d'un océan est tout l'océan. Elle est identique à toutes les autres gouttes de cet océan. De même un grain de sable est toute la terre. Chaque être humain est identique à tous les êtres humains. En allant en profondeur, l'homme est identique à tous les éléments constitutifs du grand Tout. Il est inséparable de tous les êtres formant l'univers, le cosmos. En lui se trouvent réunies toutes les propriétés chimiques, physiques, biologiques qui constituent la terre, la nature, l'univers (eau, air, feu, terre). Tous les êtres du monde sont fondamentalement unis, solidaires, identiques, interdépendants. Ils se conditionnent mutuellement. Chacun est dans l'autre et dans le tout étant donné qu'il est fait des mêmes matières et propriétés physiques, chimiques et ontologiques. Tous les êtres du monde sont des frères. Ainsi ton prochain, c'est toi. Il est toi-même. Ce qui constitue mon corps et mon être est ce qui constitue le corps et l'être des autres. Donc autrui et moi sommes un seul et même être, une seule et même réalité ou entité. L'altérité n'existe pas. Ce qui existe est l'identité de tous les êtres, l'unité fondamentale de tous. L'altérité (autrui) est une illusion. Nous sommes tous des produits ou manifestations du cosmos, du grand Tout. A partir de là, nous devons nous aimer les uns les autres. Si tu aimes toi-même, aime donc ton prochain car il n'est rien d'autre que toi-même. Si tu n'aimes pas autrui, si tu le hais, si tu lui nuis, tu commets un suicide. Tu es contre toi-même, contre ton propre bonheur. Tu détruis ta propre force et ta propre puissance. Tu es comme une goutte de l'océan qui empoisonne l'océan dont elle fait partie. Quelle folie!

3

L'amour Et La Paix

L'amour du prochain est la solution du problème de la paix. Oui, la paix entre les hommes passe nécessairement par l'amour. L'amour s'exprime par le fait de s'accepter, de s'entraider, de se donner mutuellement affection, de solidariser, de s'entendre avec les autres, de s'unir à eux. L'amour pour autrui exige la coopération, la bonté, la générosité, la gentillesse, la tolérance, la charité, la compassion, l'empathie, l'abnégation, le don de soi. Il n'y a pas d'amour sans sacrifice. Aimer les autres consiste à se donner à eux, à aliéner ses biens et ses droits au profit d'autrui. L'amour authentique ignore la justesse des rapports interpersonnels. L'amour est le champ des obligations. Il exclut les calculs égoïstes des droits et des intérêts. Il s'exprime par l'altruisme. Il est synonyme de désintéressement et de charité. Le calcul des intérêts et des droits égoïstes conduit à la jalousie, à la haine, au conflit, à la violence, à la méchanceté, au danger.

L'acte d'amour est au-dessus de la justice et de la justesse. La justice est dans les actes et la justesse est dans la pensée. L'amour est un acte spontané et naturel. Au niveau de l'amour, c'est le coeur qui parle et agit. Ce n'est pas la Raison. La Raison, comme faculté de calcul, de jugement, de raisonnement, s'oppose au sentiment, à l'émotion et à la passion. Ici, la morale ascétique et la religion judéo-chrétienne sont contre le droit positif et la rationalité. L'affectivité s'oppose à la rationalité mathématique, c'est-à-dire au calcul des intérêts égoïstes. La morale sentimentale favorise l'entente, la paix et la sécurité au sein de la société ou dans la vie collective. Le droit égalitariste et rationnel exige la justesse et la justice entre les hommes. Il exclut l'amour comme altruisme, traduisant la charité, la générosité, l'indulgence, la tolérance, la sympathie, la pitié, la compassion. Il dit: ce qui est à moi n'est pas à toi. Le mien c'est le mien. Mon droit, c'est mon droit à moi seul. Cela n'appartient à personne d'autre. Il doit être respecté par tous. Personne d'autre que moi ne doit y toucher. Celui qui ose y toucher sera châtié sans pitié. Il ira en prison ou sera tué.

Quant à la morale, qui est basée sur l'amour, elle dit: ce qui est à moi est à toi aussi. Ce qui est à toi est à moi aussi. Le mien est à tout le monde. Je dois le partager avec les autres par pitié, charité et amour pour autrui. L'amour du prochain exige que je fasse des faveurs aux autres. Autrui c'est moi-même. J'ai le devoir de l'aimer comme moi-même. Il a le droit de me prendre tout ce qu'il veut. Je suis à son service et, réciproquement, il est à mon service. Je lui appartiens et il m'appartient. Nous nous appartenons mutuellement. Nous sommes ensemble pour toujours. Nous sommes unis pour le meilleur et pour le pire. L'homme n'est rien et n'a rien sans les autres. L'autre est mon bien. Il est mon intérêt le plus précieux, le plus cher. Je suis grâce à lui. Je vis par lui et pour lui. Nul n'est indépendant, autosuffisant. Aucun homme n'est assez fort et assez puissant pour pouvoir vivre de façon solitaire et autarcique. Nous sommes tous limités et nécessiteux. Nous sommes tous faibles, pauvres. Nous avons toujours besoin des autres pour combler les vides qui sont en nous et compenser nos faiblesses.

Ainsi l'amour du prochain procure la force, la puissance, la plénitude, la prospérité, le bonheur, la sécurité, la paix. L'amour du prochain est la vertu suprême dans le sens où Platon considère que l'Idée de Bien est l'Idée suprême comme divinité (le mythe de la caverne, in La République). L'amour, c'est la vertu cardinale de l'humanité. C'est la solution de tous les problèmes humains et mondiaux. L'humanité manque cruellement de paix. La paix est une denrée très rare. Cela veut dire que les gens manquent d'amour pour les autres, qu'ils ne savent pas s'aimer et qu'ils ont des comportements agressifs, violents et belliqueux. La guerre est l'antonyme de la paix. La quête de la paix exclut la haine et la violence barbare. La paix exige la douceur, la tolérance, l'indulgence, la compassion, la générosité, la bonté, l'affection, l'entente, la fraternité, l'amour du prochain, la concorde, le don de soi. La paix est un produit du coeur et non de la Raison. Celui qui aime son prochain comme lui-même est nécessairement pacifique. Il est uni à lui. Il ne le combat pas, ne le hait pas, ne lui fait pas de mal. Il œuvre plutôt pour son bien et son bonheur. Il est discipliné et sage. Le sage sait que son prochain est lui-même. Haïr autrui, c'est donc haïr soi-même. Nuire à son prochain, c'est un **suicide** (auto-nuisance, auto-destruction). La paix requiert l'union et la discipline. Le yogi (sadhu) est le modèle accompli d'homme sage, le modèle des gens qui ont réussi à discipliner leur corps et leur esprit. Il est exemplaire. C'est l'homme de paix par excellence. Pour faire la paix avec les autres, il faut être renonçant. La paix repose sur le don de soi, sur l'abnégation, sur l'amour pur comme condition sine qua non. C'est l'application de la morale ascétique seule qui donne la paix comme absence de guerre, d'injustice, de conflit, de violence, de souffrance, de misère, de méchanceté, d'intolérance.

Toute morale qui nous enseigne le désintéressement absolu, l'altruisme, le respect scrupuleux et absolu de la personne et de la dignité humaines est la bienvenue et salvatrice. La morale qui pose l'homme comme une fin en soi et pour soi et non pas comme un simple moyen est louable. Elle favorise la paix. Car c'est l'intérêt socio-matériel et l'égoïsme qui divisent les hommes et engendrent la violence barbare dans le monde. La cupidité et l'égoïsme opposent les hommes. Ils les rendent adversaires et ennemis mortels. La volonté de richesse, de possession, de puissance personnelles rend les gens méchants et instaure la loi de la jungle. Dès lors, ton droit est ce que te procure ta force individuelle. La loi du plus fort devient la «meilleure». Elle s'impose à tout le monde. Chacun devient un loup pour chacun. A chacun selon sa force, selon sa capacité de nuisance. Tout le monde est alors inhumain, méchant, cruel, sadique, cynique. C'est l'absence totale d'amour. La haine et l'esprit de mal prennent alors toutes les places dans le monde. Et c'est la guerre de tous contre tous. C'est le triomphe absolu de la barbarie ou le règne suprême du mal. Dès lors, il n'y a plus de civilisation, de morale ascétique ni de morale du devoir (Kant).

4

L'amour Et La Prospérité

La prospérité est le fruit de la relation avec autrui. Tout ce que nous sommes vient des autres. Tout ce que nous possédons vient aussi des autres. L'homme tient sa réalité ontologique, sa présence dans le monde des autres. Il tient son bonheur, sa réussite, sa santé, sa richesse et son développement de la coopération avec les autres. Nous sommes à cent pour cent dépendants des autres. Qu'on soit riche ou pauvre, maître ou esclave, puissant ou faible, cela dépend de l'interaction, des rapports qui nous lient aux autres. L'individu est le produit des autres. Ses biens, sa situation, son état, sa destinée sont l'effet de la société. Ses comportements envers les autres et son caractère jouent en sa faveur ou en sa défaveur. C'est pourquoi tous les hommes ne sont pas égaux en droits et en dignité. A chacun selon ses mérites, ses actions, son état d'esprit, ses qualités, ses valeurs, ses vertus ou ses vices (caractère, moralité, personnalité).

Ceux qui sont bons, qui pratiquent l'amour du prochain, la compassion, le don de soi, la solidarité prospèrent. Ils vivent bien. Ils sont en paix, en sécurité, dans le bonheur, l'abondance. Ils réussissent leur existence sur la terre. L'amour, la solidarité, la puissance des autres les aident à s'épanouir, à progresser, à se développer. L'union, la discipline et le travail de tous construisent la prospérité de tous et de chacun. L'amour et l'union de tous font la force et le bonheur de tous et de chacun. L'amour, c'est la concorde, la fraternité, la charité, la solidarité, la compassion, l'entente, la tolérance, l'affection, l'altruisme, l'abnégation, le renoncement, le don de soi. L'union, c'est l'acceptation volontaire des autres. C'est la fusion de chacun dans le groupe (symbiose), l'harmonie créée par la vie communautaire. La concorde consiste dans l'entente fraternelle et cordiale entre les membres d'une communauté intégrée et intégrative. Cela permet le consensus populaire dans la prise des décisions collectives. La fraternité est une atmosphère morale, sociale, familiale, conviviale, très bénéfique à tous. Elle est créée par l'amour du prochain (altruisme, charité, don de soi, compassion, empathie). Elle unit les gens et les transforme en frères. Cela interdit la violence destructrice, le conflit, la division, la haine, la méchanceté, l'injustice, l'arbitraire, la barbarie et la sauvagerie. Les frères s'aiment entre eux. Ils sont solidaires, compatissants, affectueux, gentils, généreux et bons entre eux. Ils s'entendent et s'entraident.

La charité est le geste généreux, gratuit et fraternel que l'on fait envers son prochain. Cela traduit l'amour, l'affection qu'un individu porte à un autre. La charité est un cadeau, une faveur. Cela est exigé par la morale ascétique et les religions. C'est un devoir sacré. La charité signifie que les autres et moi partageons le même corps et la même chair et que nous sommes un. Les autres sont moi. Je suis eux. Nous sommes une seule et même chair divine, cosmique. D'où ce qui m'appartient appartient également aux autres. Rien n'appartient à personne de manière exclusive. Ainsi l'égoïsme et l'individualisme sont exclus. Les hommes doivent se partager équitablement tous les biens du monde. Chacun doit partager tout ce qu'il possède avec les autres. S'il ne le fait pas, il rompt la chaîne sacrée de fraternité, de solidarité, de charité, de compassion et d'amour universels. Il rompt l'harmonie, l'équilibre et l'ordre cosmiques et divins. Il commet une faute et un péché très lourds. Il trouble l'ordre moral, spirituel, sociétal et cosmique établi. Il mérite alors des sanctions graves, sévères. Tel est le fondement théologique, éthique et métaphysique de la charité et de l'amour du prochain.

Chaque personne est chargée d'une mission envers Dieu, la société, le cosmos et la nature. C'est le devoir de maintenir, de préserver l'ordre, l'équilibre et l'harmonie cosmiques, naturels, sociétaux. Le moyen d'accomplir ce devoir ou cette mission est d'aimer son prochain comme soi-même, c'est-à-dire de faire la charité et le don de soi (le renoncement). Il s'agit de respecter Dieu, l'univers, la nature et la société qui ont créé chacun pour les servir et appliquer leurs lois de sagesse. Il s'agit pour l'individu de rester fidèle à sa propre nature divine, cosmique, naturelle et sociétale. Il faut se dévouer et se sacrifier aux autres. Tel est le chemin métaphysique et théologique de la prospérité. La prospérité est créée par notre état d'esprit positif, saint et sain. Notre bonheur réside là. Il nous faut transcender les contradictions et les dualités de ce monde. Il faut être renonçant, sadhu, bouddha afin d'atteindre le nirvana (bouddhisme), le moksha (hindouisme), l'ataraxie (épicurisme, stoïcisme), la béatitude, la félicité (christianisme).

5

L'amour Et Le Bonheur

Le bonheur est le fils de l'amour. Sans l'amour, il n'y a point de bonheur. C'est la pratique de l'amour qui nous rend heureux. Son contraire, la haine, rend malheureux. L'amour consiste à faire du bien aux autres et la haine consiste à faire du mal aux gens et, par ricochet, à soi-même, le haineux. L'amour est synonyme de bonté, de paix, d'union, de sécurité, de fraternité, de puissance tandis que la haine est synonyme de méchanceté, de nuisance, de violence, de conflit, de guerre, d'insécurité, de destruction, de mort, de désunion. L'amour nourrit, enrichit l'homme et le fait vivre alors que la haine l'amène à la misère, à la catastrophe et à la mort. Dans l'univers, ou le grand Tout, chacun doit aimer chacun. Nous sommes tous interdépendants. Nous sommes reliés inextricablement les uns aux autres dans le but que chacun soit une source de joie, de plaisir, de sécurité, de paix et de bonheur pour son prochain. Chaque individu doit agir pour le bonheur de tous. Il s'agit d'une coopération multilatérale, tous azimuts, d'une chaîne de solidarité infinie. Nous sommes unis et employés par l'univers, le grand Tout, pour nous aimer mutuellement, pour nous rendre service, nous protéger, nous défendre, nous sécuriser, nous aider, nous fortifier les uns les autres. Nous sommes en communauté. Nous devons communier entre nous pour notre bonheur commun.

Chacun est une source de bien et de bonheur pour chacun grâce à l'amour qu'il manifeste pour tous. Cet amour s'exprime par les actes de solidarité, d'union, d'altruisme, de dévouement, d'abnégation, de charité, de compassion et d'entraide. Aimer, c'est servir, aider, créer le bonheur d'autrui, faire du bien aux autres. La vie de chacun est ordonnée au bien de tous et de chacun. C'est une coexistence. Vivre ensemble exige des sacrifices: don de soi, altruisme, charité, bonté. C'est une interaction générale, infinie, basée sur l'amour réciproque. Considérons la relation entre mari et épouse. C'est un contrat d'amour, d'assistance, d'affection, de bonté, de bienveillance, de générosité et de gentillesse mutuelles. Le mariage est une union pour la réalisation des vertus morales, spirituelles, ascétiques par excellence. Il est socialisant et humanisant. Il est à la fois juridique, moral et religieux. Il est fondé sur la Raison, l'esprit et le coeur. Il est l'accomplissement de la communion, de la symbiose et de l'osmose. Il traduit parfaitement le don de soi. Il est à la fois altruiste et égoïste. Il est **sagement** égoïste et altruiste. C'est un lieu où chacun se donne à l'autre dans l'espoir et l'intention de gagner plus de force, de puissance, de bonheur, de sécurite, de plaisir, de paix et de dignité.

Le mariage consiste dans la mise ensemble des pouvoirs et des biens des conjoints en vue de construire un grand patrimoine commun. Cela doit être bénéfique aux deux conjoints. Le mariage signifie que l'union donne plus de force et de bonheur à chacun, que l'union favorise la réussite, la prospérité, l'épanouissement, la sécurité, la grandeur, le salut. Aimer autrui, c'est donc s'aimer davantage, c'est-à-dire se faire du bien, créer son bonheur. Le combat existentiel solitaire n'est pas assez payant, assez bénéfique. Il est très difficile et moins rentable. Mais le combat collectif ou à deux est facile, commode, très bénéfique. Lorsque les hommes s'unissent pour lutter contre un ennemi commun, ils obtiennent rapidement et facilement la victoire. Les parents font le bonheur de leurs enfants parce qu'ils les aiment. Entre parents et enfants, il y a un contrat d'amour et de bonheur naturel et tacite. Chacun aime sa famille. En conséquence, il travaille pour lui assurer le bonheur, l'honneur, la gloire, la respectabilité, la dignité, le succès, la grandeur, la puissance, la victoire, le rayonnement. De même que les parents aiment leurs progénitures, de même les enfants aiment leurs parents. L'amour est une vertu familiale, communautaire. Son fruit est le bonheur de tous et de chacun.

Chaque citoyen aime son pays (sa seconde famille). Il travaille pour sa réussite, son progrès, son développement, sa grandeur, sa puissance, son bonheur. On dit alors qu'il est patriote. Il lui faut sacrifier sa vie (mourir) pour sauver sa patrie de tout danger, des attaques ennemies (guerres). Les citoyens sont à leurs pays, ce que les enfants sont à leurs familles. Leur qualité commune est **l'amou**r (amour pour sa famille, amour pour sa patrie). Ainsi l'amour est un facteur de civilisation, d'humanisation (civisme, patriotisme, nationalisme). C'est l'amour, comme sentiment dynamisant, qui lie profondément les citoyens à leurs pays et les enfants à leurs familles. C'est l'amour qui entretient, protège, défend et maintient en vie la famille et la patrie. C'est l'amour qui sécurise et sauve la communauté (famille, pays). Sans l'amour, il n'ya point de famille, point de pays. Sans l'amour, il n'y a point de progrès, point de bonheur, point de vie possible. En effet, aucune famille et aucune nation ne peuvent vivre sans l'amour, c'est-à-dire sans l'union, la discipline, le travail. Les lois de l'Etat, de la morale et de la religion sont nées de l'amour pour l'humanité. Leurs intentions et leurs objectifs sont d'ordre éthique et humaniste. Elles visent le bien et le bonheur des hommes. C'est pourquoi elles exigent le maintien et la préservation de l'ordre, de la sécurité, de la paix, de la justice, de la discipline, de l'union et du travail. Elles favorisent ainsi la prospérité de tous. Elles régulent la vie de la communauté en la fondant sur l'amour du prochain, sur la fraternité et sur la solidarité. L'Etat et la politique ont pour fin de réaliser l'amour à travers la morale, le droit et la religion dans le monde. Au commencement est l'amour et la fin de l'amour est le bonheur de tous et de chacun. Chacun doit oeuvrer pour préserver et consolider l'amour universel par la promotion de la paix, de la sécurité, du bien-être de tous. Les instruments mis à notre disposition pour cette fin sont l'Etat, la politique, la morale ascétique, le droit positif et la religion. Le gouvernement américain sert de modèle et d'exemplarité par sa devise: In God we trust (nous croyons en Dieu). La politique de chaque nation est fondée sur les idées de bien, d'amour, de bonheur et de salut publics. Un pays est une vaste famille régie par l'amour de chacun pour tous et de tous pour chacun. C'est cela qui fait le bonheur de chacun et de tous. L'amour de chacun pour chacun donne toujours le bonheur à tous et à chacun.

Conclusion

Ce travail introduit un nouveau thème dans le système de pensées académique. Ce nouveau thème est **la philosophie de l'amour.** A l'instar des autres thèmes ou concepts classiques comme la philosophie du langage, la philosophie du droit, la philosophie politique, la philosophie des sciences, la philosophie morale, la philosophie de la religion, la philosophie sociale etc., **la philosophie de l'amour** se veut une branche philosophique qui doit être enseignée à l'école comme une discipline spécifique ou une matière à part entière. Nous souhaitons cela à cause de son importance ou de son intérêt indéniables. En effet, la philosophie de l'amour démystifie le phénomène d'amour qui représente un grand mystère pour tous. L'amour est un **sujet tabou** dans presque toutes les cultures et les civilisations. C'est quelque chose dont on parle peu dans le monde. L'amour est plus vécu que pensé, étudié, analysé, conceptualisé. Ainsi il est très peu connu académiquement. L'opinion vulgaire présente l'amour comme un sujet sale, honteux, indécent, dangereux. Cela est dû au fait que l'amour, comme réalité vécue dans le monde, se présente sous plusieurs formes. Les unes sont jugées dignes, nobles, vertueuses tandis que les autres sont jugées ignobles, vicieuses, scandaleuses, perverses, immorales, dégradantes, avilissantes, abominables, malsaines. On fait allusion ici à des actes comme viol, prostitution, inceste, pornographie, zoophilie, nécrophilie, homosexualité, pédophilie etc. Tout le problème de la valeur des valeurs est ici posé. C'est aussi l'épineux problème de la relativité des paradigmes, des normes culturelles et civilisationnelles, des jugements moraux et religieux. Les coups d'oeil appréciateurs sont différents d'un individu à l'autre, d'une société à l'autre, d'une époque à l'autre. Cela pose le problème axiologique, le problème du conflit entre la nature et la culture. L'amour est-il de quel ordre? Est-ce un phénomène naturel ou culturel? Est-ce un phénomène exclusivement humain, civilisationnel ou bien quelque chose d'universel, de naturel? L'amour est-il accessible à tous les êtres, y compris les animaux, les végétaux, la matière inerte ou inanimée?

Le concept d'amour est, comme on le voit, très vaste, complexe et flou. Il renvoie à une infinité de choses dans sa compréhension et son extension. Il est polysémique, très ambigu, équivoque. Il est employé par les gens de la rue, les philosophes, les moralistes, les sociologues, les psychologues, les psychanalystes, les théologiens, les biologistes, les zoologistes, les botanistes... Finalement, le concept d'amour englobe tout: la nature, la société, l'univers, toutes les choses. Il fait penser à tout et à rien. Toutes les situations et tous les rapports entre les êtres peuvent-ils être considérés comme des expressions diverses d'amour? La philosophie de l'amour pose plus de problèmes qu'elle n'en résout. Et c'est le propre de la philosophie en général: éveiller la conscience des hommes, cultiver l'esprit critique, développer la curiosité intellectuelle des gens. Il s'agit de donner l'envie aux hommes de réfléchir, de penser par eux-mêmes, de comprendre, de s'étonner, de connaître, de douter, de critiquer (Descartes, Bertrand Russell). La philosophie de l'amour n'est pas une science exacte. Elle n'apporte rien de nouveau par rapport à ce qu'on sait déjà qui provient de tous les horizons de la connaissance. Mais elle a le mérite de décortiquer le concept d'amour, de l'éplucher. Ici, la philosophie garde sa nature, sa spécificité ou son originalité intactes en tant qu'elle est une entreprise intellectuelle pluridisciplinaire, multisectorielle ou interdisciplinaire. C'est de l'éclectisme.

Le philosophe est comme un papillon. Mieux, c'est une abeille qui picotte çà et là des fleurs et en fait du miel. Il n'est spécialiste de rien. Il n'est pas un agent de la connaissance comme tel. C'est un ignorant qui est conscient de son ignorance. C'est pourquoi il pose tant de questions au monde. "Tout ce que je sais est que je ne sais rien", disait Socrate. Le philosophe veut toujours comprendre et savoir. Sa soif de connaissance est inextingible. Sa pensée n'est pas la certitude ni la vérité absolue ou apodictique. C'est une opinion. Ainsi entre les philosophes, il n'y a que polémique. C'est l'éternelle querelle des philosophes que tout le monde sait. "Chaque philosophe se pose en s'opposant aux autres", a dit Hegel. Cela a néanmoins le mérite de contribuer au progrès de la pensée. Cela dynamise l'esprit humain paresseux qui cherche plutôt des certitudes fallacieuses et trompeuses pour se reposer et dormir.

La philosophie de l'amour a montré la nature et les fonctions de l'amour. L'amour est, ontologiquement parlant, un sentiment manifesté par des actions morales, vertueuses, humanistes. Il est à la base de l'organisation sociétale, politique et économique visant le bien et le bonheur des hommes. Il s'exprime par l'altruisme, la charité, la compassion, le don de soi, le patriotisme, le renoncement, la fraternité, la solidarité. Il exclut l'égoïsme, la malveillance, la méchanceté, la jalousie, la haine du prochain. Il appelle à l'union, à la discipline, à la concorde, à la bonté, à l'esprit communautaire. Il cherche le bonheur et le salut de tous et de chacun. L'amour du prochain crée le paradis terrestre. Il produit la communauté idéale et salutaire. Autrui, c'est soi-même. Aimer son prochain, c'est donc s'aimer soi-même. C'est pratiquer un égoïsme de sagesse (Dalaï Lama). Etant tous dans l'univers ou le grand Tout, nous sommes formés par la même matière. Et nous sommes unis et identiques. Notre essence est la même. C'est le grand Tout (cosmos). Nous formons tous un seul et même être: l'humanité. Nous sommes une seule et même entité appelée le grand Tout. Notre substance commune ou notre ipséité commune est l'amour du prochain. Vivre dans le grand Tout, c'est coexister pacifiquement et fraternellement dans l'union, l'harmonie et la symbiose parfaites. La philosophie de l'amour, c'est la philosophie tout court. C'est l'amour de la sagesse, la culture de la vertu ascétique. La philosophie de l'amour, c'est la recherche de la vérité et de la perfection morale salvatrices. C'est la contemplation de l'Idée de Bien. C'est la pratique de la dialectique ascendante et descendante très chère à Platon. C'est un voyage au royaume des Idées, dans le monde intelligible. Cela consiste à se détacher du monde sensible, à se libérer des illusions, des apparences trompeuses, de l'obscurantisme, des opinions vulgaires, des préjugés, des croyances, des superstitions puériles et infantilisantes. Il s'agit de sortir de la caverne ténébreuse où nous sommes maintenus comme prisonniers depuis notre naissance pour contempler la lumière du soleil, des étoiles et de la lune vivifiante. Il s'agit de nous purifier, de quitter les mensonges, les conjectures, l'ignorance, le mal pour le bien, le vrai, le juste et le beau. Faisons notre catharsis comme l'a dit Aristote. Telle est la mission et la vocation des philosophes de l'amour sur la terre.

Annexes

L'amour Comme Stade Suprême de Religiosité

L'amour Dans Le Bouddhisme, L'hindouisme, Le Christianisme Et L'islam

L'amour est le but de notre présence dans ce monde. Notre vie ici- bas est une épreuve morale, une souffrance libératrice, salvatrice. C'est une prison de laquelle nous devons sortir par notre sainteté, notre perfection morale (le Bien) et intellectuelle (la vérité) que nous donnent les enseignements religieux. Ainsi les dix commandements de Dieu du Christianisme (Bible), la loi des dix états de l'esprit humain en un seul instant de vie du Bouddhisme, la morale taoïste, hindouiste, islamique etc.

1

La Voie De L'amour

L'amour est ce qui donne la joie aux créatures.
L'amour est ce qui cause la joie infinie.
Ce n'est pas la mère qui nous donna la vie,
C'est l'amour.
A cette mère, cent louanges et miséricordes!

La voic de l'amour est un mystère,
Il n'y est point de querelle
Il n'y a là d'autres qualités que le sens profond.
Il n'est point permis à l'amoureux de discuter
C'est de non-existence qu'il s'agit, et non pas d'existence.

Je possède un amour plus pur que l'eau limpide.
Un tel amour est licite pour moi.
L'amour des autres toujours est changeant,
Mon amour et mon bien-aimé à moi sont éternels.

C'est l'amour qui détient la pierre philosophale de la lumière
C'est un nuage porteur de cent mille éclairs.
Dans le secret de mon être, se trouve la mère de sa gloire:
Toutes les créatures sont noyées dans cette mer.
Le coeur de l'homme est une chandelle
Prête à se consumer

La déchirure due à la séparation d'avec le bien-aimé est prête à coudre.
O toi qui ignores la patience et la brûlure
L'amour est une chose qui doit venir,
On ne peut l'apprendre.
L'amour est venu et il est comme le sang dans mes veines et ma peau
Il m'a anéanti et m'a rempli du Bien-Aimé.
Le Bien-Aimé a pénétré dans toutes les parcelles de mon corps
De moi ne reste plus qu'un nom, tout le reste est lui.

Un amour est venu, qui a éclipsé tous les amours.
Je me suis consumé, et mes cendres sont devenues vie.
De nouveau, mes cendres
Par désir de ta brûlure
Sont revenues et ont revêtu mille nouveaux visages.

Bien que dans l'amour il faille avancer pas à pas,
Seul est un pas véritable celui qui vient de l'éternité
Dans la demeure de la non-existence,
On peut avoir beaucoup d'existences.
Ouvre les yeux: partout est la non-existence

O toi dont l'amour est l'essence du monde de l'émerveillement
Ce qu'apporte ton amour, c'est le bouleversement
Combien de temps m'interroges-tu
Sur l'état de mon coeur brûle
Alors que, tu le sais bien, tu le connais mieux que moi-même.

Au moment où mon essence se transformera en océan universel
La beauté des atomes sera pour moi lumineuve.
C'est pourquoi je brûle comme la chandelle, afin que, dans la voie de l'amour,
Tous les instants pour moi deviennent un seul instant.

Je suis amoureux de l'amour et l'amour est amoureux de moi.

La Philosophie De L'amour

Le corps est amoureux de l'âme, et l'âme amoureuse du corps.
Parfois je tends les deux mains vers son cou,
Parfois il tire, comme les belles, le pan de ma robe.

Si tu es amoureux, reste près de l'amoureux,
Jour et nuit, reste dans le cercle des amoureux.
Alors, quand tu auras trouvé ce cercle,
Laisse le monde et demeure au près du Créateur du monde.

Par Djalâl-Od-Din Rûmi, **Rubâi yat,** *Albin Michel, 1987.*

2

Le Chemin De L'amour

Le bhakti-yoga est la recherche véritable et sincère du Seigneur, une recherche qui commence, continue et se termine dans l'amour. Un seul instant de folie d'amour intense pour Dieu nous apporte la liberté éternelle. "Bhakti, nous dit Nârada dans les Bhakti-Sûtras, est un amour intense pour Dieu". "Quand un homme parvient à cet amour, il aime tout et ne hait rien; il est satisfait à jamais; "Cet amour ne peut être réduit à aucun intérêt mondain", parce que tant que subsistent les désirs de ce monde, cet amour ne peut exister en nous. "Le bhakti-yoga est plus grand que le karma-yoga, plus grand que le raja- yoga, parce que ceux-ci visent un but, alors que la bhakti est son propre fruit, son propre moyen, et son propre but" (…). Il n'y a pas autant de différence entre la connaissance (jnana-yoga) et l'amour (bhakti-yoga) qu'on ne l'y imagine parfois…Finalement ils convergent et se rencontrent au même point. Il en est de même du raja-yoga, qui, suivi comme moyen de libération…, nous amène également au même objectif (…). La meilleure définition du bhakti-yoga est peut-être celle de cette strophe: "Que cet amour constant que vouent les personnes sans discrimination aux objets éphémères de la vie des sens, soit celui aussi qui ne quitte jamais mon coeur, qui te cherche!" (Vishnu Pûrana). Nous pouvons voir quel amour fou que les hommes sans discernement peuvent accorder aux objets des sens, l'argent, les vêtements, leurs femmes, enfants, amis et possessions. Quel attachement intense ils ont pour toutes ces choses! C'est ainsi que le sage nous dit dans la prière citée: "Que je n'éprouve cet attachement, ce désir intense, que pour toi! Cet amour, dirigé vers Dieu, s'appelle bhakti. La bhakti n'est pas destructrice; elle nous apprend qu'aucune de nos facultés ne nous a été donnée en vain, que c'est par elles que nous atteignons naturellement la libération. La bhakti ne tue pas nos tendances, elle ne va pas à l'encontre de notre nature, mais lui donne une orientation supérieure et plus puissante. Qu'il est naturel d'aimer les objets des sens. Nous ne pouvons pas nous en empêcher , car ils sont tellement vrais pour nous. Nous ne voyons normalement rien de vrai dans les choses supérieures, mais lorsqu'un homme a perçu quelque chose de vrai au-delà des sens, au-delà de l'univers sensible, il peut avoir un désir ardent, mais cette aspiration doit être dirigée vers le supra-sensible qui est Dieu. Et quand ce même amour qui auparavant était dirigé vers les objets des sens est tourné vers Dieu, il s'appelle bhakti. (...).

Le bhakti-yoga nous apprend comment aimer sans arrière-pensées, comment aimer Dieu et aimer ce qui est bien parce que c'est juste et non pas pour au ciel, ou pour avoir des enfants, ou la richesse ou toute autre chose. Il nous apprend que l'amour lui-même est la plus belle récompense de l'amour: que Dieu lui-même est l'amour. Il nous apprend à rendre hommage à Dieu dans tous ses attributs: le Créateur, l'Omniprésent, l'Omniscient, le Souverain Tout-Puissant, le Père et la Mère. La louange suprême qui peut exprimer Dieu, la conception la plus élevée que l'esprit humain peut avoir de lui est qu'il est le Dieu de l'amour. Là où il y a l'amour, c'est lui: "Où qu'il y ait de l'amour, c'est lui: "Où qu'il y ait de l'amour, le Seigneur y est présent". Lorsque le mari embrasse sa femme, il est là, dans le baiser; lorsque la mère embrasse l'enfant, il est là, dans le baiser; lorsque deux amis se donnent la main, lui, le Seigneur, est présent comme le Dieu de l'amour. Lorsqu'un grand homme aime et veut aider l'humanité, le Seigneur est là à répandre sa générosité sans mesure de par son amour pour l'humanité. Là où s'ouvre le coeur, là il est manifesté. Voilà ce qu'enseigne le bhakti-yoga.

Swami Vivekananda, **"Conférences sur le bhakti-yoga"**.

Source: **The complete Works of Swami Vivekananda,** III, Advaita Ashrama, Calcutta, 1991.

3

Le trésor caché

Dans l'amour divin, Dieu nous aime pour nous et pour lui-même. L'amour qu'il nous porte pour lui-même est fondé sur ce hadith: "J'étais un trésor (caché) et je n'étais pas connu. Or j'ai aimé être connu. Je créai donc les créatures afin que je me fasse connaître à elles. Alors elles me connurent". Il ressort de cette nouvelle que Dieu nous a créés pour lui-même afin que nous le connaissions. Le verset suivant trouve ici son application: Je n'ai créé les djinns et les hommes que pour qu'ils m'adorent (**Coran**, 51). En conséquence, il nous a créés pour lui seul.

L'amour que Dieu a pour nous est exprimé à travers l'enseignement qu'il nous donne de nous comporter adéquatement pour parvenir à la félicité en nous préservant des agissements non conformes à notre finalité et à notre nature. Dieu-gloire à lui- a produit les créatures afin qu'elles le glorifient. Il les a destinées à prononcer sa gloire et sa louange et à se prosterner devant lui. C'est ainsi que nous arrivons à le connaître. Voici comment il en parle: Les sept cieux et la terre célèbrent sa gloire ainsi que tout ce qui s'y trouve. Il n'y a aucune chose qui ne le glorifie par sa louange (**Coran**, 17). Devant sa réalité propre et ce qu'il produit, la louange lui revient donc (…).

Quant à l'amour que Dieu nous porte pour nous-mêmes, il nous l'a fait connaître pour notre bien en cette vie et dans l'autre. Il nous a prodigué les preuves de sa science pour que nous le connaissions et non pour que nous l'ignorions. Il nous accorde aussi la subsistance et nous comble de faveurs, bien que nous y soyons inattentifs malgré la science que nous en avons et l'information que nous détenons que tous les bienfaits qui nous poussent à agir viennent de son seul acte créateur et doivent lui être attribués. Ajoutons que Dieu a dispensé ces largesses pour nous seuls afin que nous en tirions profit et que nous nous comportions en conséquence sans que nous soyons préoccupés pour garantir la tranquillité d'âme.

Pourtant, devant tous ces bienfaits dont nous sommes comblés, nous ne lui sommes pas reconnaissants, bien que la raison doive nous obliger à remercier celui-là même que nous en a gratifié et bien que nous sachions que Dieu seul est le bienfaiteur. (…). L'amour que Dieu a pour ses serviteurs ne comporte ni origine ni finalité, car il n'est pas destiné à recevoir les réalités contingentes et accidentelles. De la sorte, l'amour qu'il prodigue à ses serviteurs, du premier au dernier, selon un processus sans fin est dans son essence le principe même de leur être. C'est pourquoi l'amour que Dieu a pour eux est en rapport intime avec son Etre qui reste indissociable d'eux, quelle que soit leur condition virtuelle ou actuelle, car Dieu est avec eux dans leur condition d'être actuelle comme il l'est dans leur condition d'être virtuelle, étant donné qu'ils sont connus de lui qui les contemple et les aime sans cesse. Aucun principe nouveau que Dieu ne possède déjà ne peut lui être attribué. Plus même! Dieu n'a jamais cessé de les aimer comme il n'a jamais cessé de les connaître en sorte que , dans la parole divine suivante prononcée par le Prophète: "…j'ai aimé être connu …", Dieu nous fait connaître comment le processus amoureux de création intervient en soi tel qu'il convient à la divine Majesté, Dieu ne pouvant être appréhendé par l'intelligence que comme agent et créateur.

Ibn Arabi, **Traité d'amour,** IV, Albin Michel, 1986.

4

Sutras De L'amour Divin

    Voici la voie du bhakti, la voie de la piété, de l'amour de Dieu. Le bhakti, c'est l'amour intense pour Dieu, c'est le nectar de l'immortalité, la conscience de notre nature éternelle. Ceux qui sont parvenus à cet amour suprême sont parfaits, immortels, accomplis; ils ont franchi le désir, la douleur, la haine, la gaieté, l'égoïsme. Baignés dans l'amour divin, ils connaissent la joie profonde, le silence intérieur et la réalisation.
    Le bhakti n'est pas du ressort du désir égoïste, mais du renoncement au désir; ce renoncement est manifesté en consacrant à Dieu ses activités séculières et religieuses, en se dévouant profondément et totalement à lui, et en abandonnant tout ce qui s'oppose au Seigneur et accomplis plutôt les actes profanes et sacrés qui favorisent la piété. Observe les prescriptions des Ecritures même après le progrès spirituels: sinon, tu risques de perdre tout ce que tu as accompli. (…).
    L'amour de Dieu s'exprime en différentes formes: selon le disciple de Parasacra, le bhakti c'est la ferveur dans l'adoration; selon le sage Garga, c'est chanter les louanges de la gloire et la splendeur divines; et selon le sage Sandilya, le bhakti se trouve dans la jouissance du Soi véritable. Mais le sage Narada pense

que la consécration totale de toutes ses actions au service de Dieu constitue le bhakti et le chagrin profond si Dieu est oublié.

Les sages anciens enseignèrent les façons d'encourager le bhakti. L'amour de Dieu se réalise par le renoncement aux objets des sens, le détachement du monde, l'adoration incessante du Seigneur, l'écoute et la récitation des splendeurs du Seigneur, même dans la vie de tous les jours: mais les voies les plus sûres sont la grâce des saints qui ont réalisé l'amour divin et le don aussi infime qu'il soit, de la grâce divine elle-même. La connaissance des Saints s'avère difficile, mais lorsqu'on les atteint, leur regard est profond et toujours efficace. C'est la grâce divine qui permet de connaître ces Grandes Ames. Entre Dieu et son vrai dévot, il n'y a point de distinction: cultive donc l'amour de Dieu, l'amour de Dieu seul.

L'amour de Dieu est un, mais multiples sont ses formes: la glorification des qualités et attributs divins, l'exaltation de sa beauté, l'adoration, la constante souvenance, le service par amour, l'amour tel celui d'un ami, d'un enfant, d'une épouse, l'abandon à la volonté divine, l'immersion absolue en lui, l'angoisse d'être séparé de lui. Quel est celui qui traverse le monde des illusions? Celui qui a renoncé aux attaches au désir; celui qui cherche les Grandes Ames et se met à leur service; celui qui a renoncé même à son ego, qui désire se retirer du monde et extirpe les liens à ce monde; celui qui surpasse les trois qualités essentielles des phénomènes (les guna) et qui quitte ses sécurités fondées sur les seules possessions; celui qui renonce aux fruits de ses actions, consacrant ses activités à Dieu, se libérant ainsi du dualisme, renonçant même aux injonctions des védas afin de se livrer entièrement et perpétuellement à l'amour de Dieu; c'est lui qui traverse le monde des illusions, l'océan du Samsara; et c'est lui qui en conduit d'autres avec lui.

Les mots ne peuvent exprimer la nature essentielle de l'amour divin; il ressemble au plaisir d'une caresse pour un muet, cet amour qui se manifeste à ceux qui en sont dignes. Cet amour surpasse tout ce qui peut être écrit, au-delà du désir, il s'agrandit sans cesse, il est plus subtil que le subtil; on ne peut le connaître qu'en l'expérimentant. Le dévot qui s'en réjouit ne perçoit rien, ne voit rien, n'évoque rien, ne pense à rien, sauf à son Dieu seul. (...).

Cherche avec patience la libération de la douleur, du plaisir, du désir et du gain; ne gaspille pas même la moitié d'un instant mais cultive la non-violence, la vérité, la pureté, la compassion, la foi dans le Seigneur et la vie spirituelle. Le Seigneur et lui seul devrait être adoré, en tout temps, en chaque geste, sans hésitation.

Dieu se révèlera sûrement à ceux qui l'invoquent; il remplira de sa présence divine ceux qui lui sont passionnés. Seul l'amour de Dieu est la plus haute vérité: jadis, maintenant et à jamais.

Ainsi enseignent tous les maîtres du bhakti, la voie de l'amour divin. Celui qui accepte cet enseignement sublime de Nârada et le met en pratique, celui-là sera certainement comblé de l'amour de Dieu et il trouvera et atteindra le Seigneur Bien-Aimé.

Nârada, **Bhakti-Sûtras**

(Source: I.K. Taimni, Self-Realization through Love, Madras, 1975.)

5

je T'ai Appelé

Bien-Aimé, tant de fois t'ai-je appelé,
et tu ne m'as pas entendu!
Tant de fois me suis-je à toi montré
et tu ne m'as pas vu!
Tant de fois me suis-je fait douces effluves,
et tu n'as pas senti,
nourriture savoureuse, et tu
n'as pas goûtée.
Pourquoi ne peux-tu
m'atteindre
à travers les objets que tu
palpes?
Ou me respirer à travers les senteurs?
Pourquoi ne me vois-tu pas?
Pourquoi ne m'entends-tu pas?
Pourquoi? Pourquoi?
Pourquoi?
Pour toi mes délires surpassent
tous les autres délices,
et le plaisir que je te procure
dépasse tous les autres plaisirs.

Pour toi je suis préférable à
tous les autres biens.
Je suis la Beauté, je suis la Grâce.
Bien-Aimé, aime-moi,
aime-moi seul, aime-moi d'amour.
Nul n'est plus intime que moi.
Les autres t'aiment pour eux-mêmes;
Moi, je t'aime pour toi
et toi, tu t'enfuis loin de moi.
Bien-Aimé, tu ne peux
me traiter avec équité,
car si tu te rapproches de moi,
c'est parce que je me suis
rapproché de toi.
Je suis plus près de toi que toi-même,
que ton âme, que ton souffle.

Ibn Arabi, **La Sagesse des prophètes,** Albin Michel, 1974.

Résumé Du Livre

La Philosophie de l'amour vise à purifier et à changer le monde. Elle est la lumière et la boussole de l'humanité en quête d'humanisme, de paix, de bonheur et de salut.

Biographie De L'auteur

François Adja Assemien est né le 15 mars 1954 en Côte d'Ivoire. Il a étudié les lettres classiques (latin et grec), les sciences humaines et la philosophie. Titulaire du Doctorat d'Etat en philosophie et de la Licence de sociologie, il se consacre à l'enseignement de la philosophie à l'université, à l'écriture et à la recherche académique. Il parle et écrit trois langues vivantes que sont le français, l'anglais et l'allemand.

Il est auteur de plusieurs ouvrages publiés (romans, essais, nouvelles, pièces théâtrales) et de plusieurs concepts tels l'Afrocratisme, la Philocure, la Sidarologie, la Conscience africaine, Aboubou musique.

Il est également artiste musicien, compositeur, chanteur et guitariste.

Il vit aux Etats-Unis d'Amérique.

www.ingramcontent.com/pod-product-compliance
Lightning Source LLC
LaVergne TN
LVHW040159080526
838202LV00042B/3236